Lb⁵ 148

JOURNAL

DES OPÉRATIONS DE L'ARTILLERIE

AU SIÉGE DE SCHWEIDNITZ

EN 1807.

SAINT-CLOUD. — IMPRIMERIE DE BELIN-MANDAR.

JOURNAL

DES

OPÉRATIONS DE L'ARTILLERIE

AU SIÉGE DE SCHWEIDNITZ

EN 1807,

PAR MARION,

NOMMÉ CHEF DE BATAILLON A LA SUITE DE CE SIÉGE.

A M. DE GRIBEAUVAL.

Qu'en songeant à Schweidnitz, l'envie au moins se taise ;
Là, pour son favori la Gloire le nomma ;
L'Europe dit de lui, que soutien de Thérèse,
Regretté de Louis, Frédéric l'estima.
GASSENDI, p. 494 de ses *Poésies*.

PARIS,

J. CORRÉARD, ÉDITEUR D'OUVRAGES MILITAIRES,

RUE DE TOURNON, 20.

1842.

OPÉRATIONS DE L'ARTILLERIE

AU

SIÉGE DE SCHWEIDNITZ

EN 1807.

La forteresse de Schweidnitz, célèbre dans les annales des siéges par celui qu'elle soutint si brillamment pendant l'été de 1762, dut sa belle défense (1) au génie du célèbre

---

(1) Cette défense dura du 7 août au 9 octobre; à cette dernière date, les vivres étaient très-rares; presque toute l'artillerie était démontée, et une bombe tombée sur le magasin à poudre de Jauer-

général français Gribeauval, qui y commandait l'artillerie autrichienne, et qui par son rare talent sut créer des affûts et tous les objets qui lui manquaient pour résister aussi longuement aux attaques de l'armée du grand Frédéric dont l'artillerie et les mineurs étaient commandés par le Français Lefebvre.

La relation de cet ancien siége étant parfaitement détaillée, page 281 et suivantes du tome 1 des *OEuvres* du major Lefebvre, imprimées en 1778 à Maëstricht, on ne s'occupera ici que des attaques de 1807.

Depuis 1762, les fortifications de Schweidnitz n'ont été augmentées que des lunettes n°s 5, 6 et 7 : cette dernière, très-vaste et très-avancée, avait deux étages de feux, de belles casemates et des souterrains magnifiques, plus un

---

nick le fit sauter : son explosion, en renversant le fort de même nom, causa la perte de plus de 300 grenadiers.

Les militaires qui voudront connaître comment Schweidnitz fut surpris dans la nuit du 30 septembre au 1er octobre 1761, devront lire les mémoires de Tempelhof sur la guerre de Sept ans, ou l'intéressant extrait qui en a été publié en 1832, dans le n° 71 du *Spectateur militaire*.

Jusqu'à ce jour, il a été impossible de découvrir pourquoi l'historien prussien a gardé le silence sur la coopération d'environ 500 prisonniers autrichiens mal surveillés, qui, au moment décisif, exécutèrent les ordres du major Rocca, habile partisan né en Italie, qui connaissait très-bien le fort et le faible de la place dans laquelle il jouissait de toute sa liberté, par suite de la trop grande confiance du gouverneur de Zastrow, dont il abusait en informant journellement le général Laudon de tout ce qui se faisait dans la forteresse.

système complet de contre-mines, bien supérieur à tout ce qui existait anciennement.

La lunette n° 6, dite de Jauernick, était aussi très-spacieuse et bien placée pour protéger les ouvrages latéraux.

Celle n° 5, plus grande et beaucoup plus avancée que la lunette existant en 1762, prenait de revers ou au moins d'enfilade tous les cheminements sur le front 1-2.

Peu de jours après la prise de Breslau, M. le général Vandamme fut envoyé devant Schweidnitz pour en faire l'investissement avec la division wurtembergeoise composée de deux brigades ayant ensemble environ 9,000 hommes; et l'empereur Napoléon, qui attachait la plus haute importance à l'occupation de cette place, fit donner le 21 janvier, par le prince Jérôme à M. le général Pernety, commandant en chef l'artillerie du 9° corps, l'ordre de former immédiatement un équipage de

« 8 canons de 24.
» 8   id.   de 12.
» 6 obusiers de 25 livres stein.
» Et 6 mortiers de 50 livres stein.

» Total : 28 pièces servies par une portion de compagnie
» de canonniers français, sous le commandement d'un bon
» officier d'artillerie de même nation. »

Il est entendu que ce personnel, insuffisant pour une opération aussi importante, devait être augmenté de celui des batteries de campagne de la division wurtembergeoise employée au blocus de la place.

Les envois considérables que M. le général Pernety fut obligé de faire de Breslau sur Dantzick, Thorn, Graudentz et autres places de Pologne, désignées par l'empereur Napoléon, ayant nécessité le changement de l'équipage précédemment fixé, on le composa ainsi qu'il est indiqué ci-après, savoir :

    8 canons de 24 approvisionnés à 300 coups chacun.
    9 id. de 12 id. à 2,400 coups pour les 9 (1).
    2 obusiers de 25 liv. stein au lieu de 6,
    6 id. de 10 liv. stein.
        Approvisionnés à 250 coups chacun.
    4 mortiers de 50 liv. stein au lieu de 6,
    2 id. de 25 liv. stein en remplacement de 2 plus forts, — approvisionnés à 200 coups.

Total : 31 bouches à feu, et le détachement de canonniers français fut formé de deux escouades de la deuxième compagnie du 6ᵉ régiment d'artillerie, fortes de 47 hommes, dont :

    2 Sergents.
    1 Fourrier.
    2 Caporaux.
    2 Artificiers.
    Et 40 Canonniers.

Total : 47 sous-officiers et canonniers, commandés par les lieutenants Bonnotte et Bouteiller (2).

---

(1) Cet approvisionnement est moins fort que celui des canons de 24, parce que, d'après l'expérience acquise aux siéges de Glogau et de Breslau, on comptait sur les boulets de 12, tirés de la place, et que l'on faisait ramasser en en payant un faible prix aux hommes de garde des tranchées, qui les rapportaient.

(2) Ce lieutenant est le colonel qui a servi d'une manière si dis-

M. le général Pernety m'ayant honoré du commandement de cette artillerie de siége, je m'occupai aussitôt de sa réunion et de sa mise en état, et je fis frapper les réquisitions d'usage, pour pouvoir transporter l'équipage le plus promptement possible.

Tout étant prêt à être mis en route le 30 janvier, je partis de Breslau le 29 au soir pour aller prendre les ordres de M. le général Vandamme qui avait son quartier général à Wurben, et chercher un emplacement convenable à l'établissement de la première portion du parc qui devait arriver dans la journée.

Après avoir vu le général, j'allai avec le capitaine Ambroise Prost, commandant du génie, reconnaître la place, afin de marquer avant la nuit l'emplacement des batteries pour lesquelles cet ingénieur avait eu l'attention de faire préparer un grand approvisionnement de gabions, de saucissons, et enfin de tous les fascinages nécessaires aux travaux.

La fortification de Schweidnitz ne ressemblant à aucune autre, à cause de la forme de ses forts étoilés dont les faces étaient si courtes qu'il était impossible de les ricocher, je me déterminai à faire établir trois grandes batteries, numérotées 8, 9 et 10 sur le plan ci-joint, et M. le général Vandamme, à qui je rendis compte de ces dispositions, les ayant approuvées, on commença le soir même, avec les travailleurs mis en réquisition depuis plusieurs jours dans les communes les moins éloignées, l'ouverture des tranchées et la construction des batteries.

---

tinguée au siége d'Anvers en 1832, et qui commande aujourd'hui l'école d'artillerie à Metz.

Celle n° 8 était destinée à enfiler le front 1-2, et à contre-battre directement avec du 24 la face droite de la lunette 7, dite de Schoenbrünn.

La batterie n° 9 à ricocher le front 3-4 entre le Garten-Fort et le Bogen-Fort, et à contre-battre le flanc gauche de la lunette 6.

Celle n° 10 devait enfiler tous les ouvrages du front 2-3.

On fut obligé d'employer des paysans à l'exécution de tous les travaux, parce que la division wurtembergeoise était à peine suffisante pour contenir les troupes de la garnison et pour observer les mouvements incessants du prince de Pless, qui n'a jamais eu moins de 10,000 hommes, et souvent 15,000, au moyen des troupes qu'il était autorisé à prendre dans les places encore occupées par l'armée prussienne (1).

La première portion de l'équipage de siége, partie de Breslau le 30, devait venir coucher le même jour à Bunzelwitz; mais, d'après l'avis donné à M. le général Vandamme sur l'approche de l'ennemi, il ordonna d'arrêter à Grossmersdorff, ce qui obligea de commencer les 3 batteries avec les canonniers wurtembergeois, aidés de paysans mis en réquisition.

Tout étant préparé comme on vient de le dire, on se rendit à l'entrée de la nuit aux divers endroits indiqués, en ayant soin de faire bien escorter les paysans par des soldats d'infanterie; mais, au début de ce travail, on trouva la

---

(1) 50e et 51e bulletins de l'armée française pour la campagne de 1807, et rapports des espions qu'employait M. le général Vandamme.

terre gelée sur une si forte épaisseur, que pour ménager les outils, dont on était très-mal pourvu, on fut obligé de creuser verticalement des puits : aussitôt que l'on était au-dessous de la croûte gelée, on s'étendait horizontalement dans tous les sens autour de chaque trou, pour en retirer les terres dont on avait besoin, et que l'on sortait avec des paniers et des sacs à distribution, prêtés avec beaucoup d'empressement par les soldats wurtembergeois ; et quand l'emplacement des fossés, des batteries était suffisamment déblayé, on cassait assez facilement la croûte gelée, après quoi on jetait au milieu des merlons ces morceaux dont les éclats auraient été aussi dangereux que des éclats de pierres, si ces mêmes morceaux eussent été placés extérieurement, devant ou dessus les épaulements.

Le commencement de ce travail fit un si grand bruit que, pour le couvrir et empêcher les assiégés de l'entendre, on fit venir deux obusiers wurtembergeois de 7 liv. stein, que l'on plaça à l'extrême gauche des attaques, d'où ils tirèrent toute la nuit sur la ville, et pour ainsi dire sans direction utile, puisqu'ils n'avaient pas d'autre objet que de détourner l'attention des assiégés sur le bruit que faisaient les travailleurs avec leurs pioches.

Ce moyen attira si bien l'attention des Prussiens, que dès les premiers coups ils ripostèrent en tirant, comme nous, au hasard, mais sur un but encore plus incertain que celui de nos obusiers ; aussi leurs nombreux coups n'inquiétèrent nullement nos travailleurs, et ils ne produisirent qu'une très-grande consommation de munitions qui nous servit au delà de toute espérance.

Le 31 au matin, on fit rentrer les obusiers de campagne au parc de la division wurtembergeoise, et on continua tous les travaux déjà fort avancés pendant la nuit précédente. Au jour, on prépara les bois à plate-formes que l'on avait projeté d'amener dans les tranchées, et le plus près possible des 3 batteries où ces bois devaient être employés.

L'avis de l'arrivée en deçà de Waldembourg du corps du prince de Pless n'arrêta point les travaux, mais les bouches à feu et toutes les voitures arrivées la veille à Grossmersdorff durent y rester attelées pendant près de trente-six heures, malgré la rigueur de la saison.

Le 1er février, les rapports parvenus à M. le général Vandamme sur les mouvements de l'ennemi étant moins inquiétants que ceux de la veille, on acheva le transport des plate-formes et de tous les objets de peu de valeur qu'on était décidé à abandonner, dans le cas où l'on aurait été forcé à lever le siége; mais les chemins étant extrêmement mauvais, tous les bois ne purent arriver que le soir fort tard dans les batteries; aussi ce ne fut que le lendemain matin que l'on put commencer les plate-formes et les magasins.

La batterie de droite n° 8 fut appelée Seckendorf, du nom du général commandant la division wurtembergeoise. Elle fut armée de:

6 canons de 24, dont 4 dirigés sur la lunette 7 de Schoenbrünn, et 2 sur le fort n° 2, et sur la lunette 6.

4 obusiers de 10 liv. stein pour ricocher tout le front 1-2, entre le Galgen-Fort (n° 1) et le Jauernick-Fort (n° 2).

2 mortiers de 50 liv. stein, pour tirer de jour sur les ouvrages, et de nuit sur la ville afin d'inquiéter la garnison, et surtout la bourgeoisie.

Le capitaine Brand et le lieutenant Batrouf de l'artillerie wurtembergeoise alternèrent dans le commandement de cette batterie.

La batterie du centre n° 9 fut appelée Lilienberg, du nom du second général wurtembergeois, et elle fut armée de :

2 canons de 24
1 id. de 12
2 obusiers de 10 liv. stein } pour ricocher tous les ouvrages du front 3-4.

3 canons de 12 pour battre directement la lunette n° 6, dite de Jauernick.

2 mortiers de 50 liv. stein, agissant comme ceux du n° 8.

Cette batterie fut commandée par le lieutenant Weishaupt cadet, de l'artillerie bavaroise (1), mon adjoint, et par le lieutenant Burghi, de l'artillerie wurtembergeoise.

La batterie de gauche, celle n° 10, fut appelée Schrœder, du nom du troisième général wurtembergeois ; elle fut armée de :

5 canons de 12 et de
2 obusiers de 25 liv. stein, pour tirer de plein fouet sur le fort n° 2 et sur la lunette n° 6, dite de Jauernick, et pour ricocher les ouvrages du front 2-3.

2 mortiers de 25 liv. stein, pour lancer comme ceux de 50 liv. stein des batteries de droite, des bombes sur la ville et sur les ouvrages de la forteresse.

Pendant tout le siége, cette batterie n° 10 fut commandée par l'infatigable Bouteiller, qui, faute d'officiers pour le relever, resta de service jour et nuit à cette batterie, où on lui

---

(1) Cet officier plein de zèle et très-instruit est aujourd'hui un des colonels les plus distingués de l'artillerie bavaroise.

envoyait la nourriture, et tout ce qui était nécessaire pour résister à un service aussi pénible.

Le 2 février, pendant que les officiers faisaient terminer les revêtements, les embrasures, les plate-formes et les magasins de batteries, le lieutenant Bonnotte, qui remplissait les fonctions de directeur du matériel, aidé de quelques anciens canonniers intelligents, fit exécuter par les paysans conducteurs des chevaux d'attelage tous les changements et chargements de voitures indispensables, et dans l'après-midi il forma trois colonnes de marche, dirigées chacune par des canonniers qui connaissaient bien les chemins, jalonnés d'avance pour arriver plus sûrement et plus promptement aux trois batteries établies; mais ces chemins ayant été réparés avec trop de promptitude et avec des matériaux de mauvaise qualité, ils furent défoncés par la première voiture (canon de 24 sur son affût), un peu en avant du village de Tunkendorf, où les 8 pièces de 24 durent rester une partie de la nuit. Les autres bouches à feu, moins pesantes, passèrent de côté avec toutes les munitions portées sur les voitures peu chargées qui étaient à la queue des colonnes.

On fit venir des porte-corps, sur lesquels on plaça les 8 canons de 24 des batteries 8 et 9, et l'on se remit en marche; mais, peu en avant du lieu où l'on avait été arrêté jusqu'à près de cinq heures du matin, la première pièce fut versée en cage, par la maladresse ou par la malveillance des paysans conducteurs, qui servaient tous malgré eux. Cet accident obligea de changer les attelages, et des hommes d'infanterie employés à la garde des tranchées, à l'exemple de leurs officiers, accoururent pour relever la pièce renversée, et surveiller de plus près les conducteurs. Cet accident retarda encore la mise en batterie, et ce ne fut que vers les dix heures que les canons de 24 purent être placés sur leurs plate-formes. Pendant ces derniers moments, la place fit un feu très-vif de toutes les pièces qui avaient vue sur nos attaques; heureusement cette forte canonnade fut sans effet fâcheux, et elle ne servit au contraire qu'à augmenter l'élan de toutes les troupes.

Le 3 février, à midi, toutes les batteries étant complétement armées et approvisionnées, le feu commença au signal convenu, et on le continua jusqu'à près de six heures du soir. Pendant ce temps on tira,

A la batterie Seckendorf (n° 8) :

216 boulets de 24 (6 par heure et par canon).
96 obus de 10 liv. (4 par heure et par obusier).
36 bombes de 50 liv. (3 par heure et par mortier).

A celle de Lilienberg (n° 9), servie comme la précédente par les canonniers wurtembergeois :

72 boulets de 24.
144 id. de 12.
48 obus de 10 liv.
36 bombes de 50 liv.

Avec la même vitesse qu'à la batterie 8.

Et enfin à celle Schrœder (n° 10), servie par les canonniers de la deuxième compagnie du 6ᵉ régiment d'artillerie à pied :

180 boulets de 12.
48 obus de 25 liv.
36 bombes de 25 liv.

Comme aux deux autres batteries.

Pendant ce premier jour de feu, plusieurs magasins à poudre des remparts sautèrent, parce qu'on n'avait pas eu l'attention de les garantir des ricochets, qui atteignirent aussi un grand nombre d'affûts. Avant la nuit, l'assiégé souffrit tellement qu'il fut obligé de suspendre ses coups, afin de pouvoir réparer ou remplacer tout ce qui avait été frappé. Pendant ce même repos, il blinda les petits magasins de batterie.

Le feu de la place, décuple du nôtre, ne fit presque aucun mal, et il n'y eut d'atteint que le chapeau d'un canonnier français, coupé par un boulet dirigé sur la batterie Schrœder.

Pendant cette même journée, le directeur fit amener le parc à Bunzelwitz, où l'on n'avait pu le placer d'abord, et d'où les communications étaient bien plus faciles pour l'approvisionnement des batteries et pour tous les autres besoins. Après ce mouvement du parc, on congédia un grand nombre de paysans avec leurs chevaux, parce qu'ils commençaient à devenir très-embarrassants, et même à donner de l'inquiétude, à cause de leurs mauvaises dispositions.

Nuit du 3 au 4 février. -- Les mortiers tirèrent sur la ville depuis deux heures du matin jusqu'à six, et pendant ce temps ils consommèrent chacun 16 bombes, qui mirent le feu dans deux quartiers différents. Ce tir, avec des charges plus fortes que celui de la veille qui ne devait atteindre que les remparts, cassa tous les affûts des mortiers de 50 livres, et, à la fin de la séance, on fut réduit à se servir de ces bouches à feu sans leurs crapauds, ce qui diminua beaucoup la justesse des coups.

Les mortiers de 25 liv. de la batterie n° 10 n'ayant eu de brisé que leurs susbandes, on les fixa sur leurs affûts au moyen de cordages, et ils purent continuer jusqu'à la fin de la nuit.

Le 4 février. — Aussitôt le jour, on remplaça tous les affûts cassés ou dégradés, et à dix heures du matin on recommença le feu, qui fut continué jusqu'à la nuit. Toutes les pièces ayant tiré comme la veille, on consomma,

A la batterie Seckendorf (n° 8) :

    288 boulets de 24.
    128 obus de 10 liv.
    48 bombes de 50 liv.

A la batterie Lilienberg (n° 9) :

    96 boulets de 24.
    192 id. de 12.
    64 obus de 10 liv.
    48 bombes de 50 liv.

A la batterie Schrœder (n° 10) :

    240 boulets de 12.
    64 obus de 25 liv.
    48 bombes de 25 liv.

Le feu se déclara encore dans plusieurs quartiers de la ville, et le grand bâtiment voisin de la poste aux chevaux fut entièrement consumé.

A la batterie Seckendorf (n° 8), un canonnier fut blessé au bras gauche par plusieurs éclats d'obus ; un autre reçut dans les yeux de la terre qui l'empêcha d'y voir pendant plusieurs jours.

A la batterie Lilienberg (n° 9), un canonnier eut la tête coupée par un obus, un autre la figure déchirée par un éclat de bombe, et un servant d'infanterie eut une jambe em-

portée. Une pièce et deux affûts furent atteints par les coups de l'ennemi.

À la batterie Schrœder (n° 10), un officier d'infanterie eut les deux jambes cassées par des éclats de bombe. Un canonnier qui avait déjà été blessé, mais légèrement, au siége de Breslau, eut le bras coupé, et il en mourut peu de jours après. Un autre canonnier eut son sac emporté par un obus. Un canon de 12, 4 affûts et une plate-forme furent plus ou moins dégradés par les projectiles de l'ennemi.

Pendant cette même journée, le feu de la place fut encore plus vif que celui de la veille, et surtout beaucoup mieux dirigé. Les pièces mises en batterie dans les casemates de la lunette de Schoenbrünn (n° 7) furent tellement maltraitées par les coups des 4 canons de 24 de la droite de la batterie n° 8, qu'à compter de ce jour il n'y eut plus que les pièces placées sur le terre-plein qui purent riposter un peu à notre feu.

Le lieutenant Bonnotte fit amener de Grossmerdoff à Bunzelwitz le restant du parc, et le soir il fit remplacer tout ce qui avait été dégradé. En même temps il fit recompléter l'approvisionnement des batteries.

Nuit du 4 au 5 février. — Chaque mortier a tiré 12 bombes.

La batterie n° 8, de neuf heures à onze heures du soir, et de deux heures à quatre heures du matin ;

La batterie n° 9, de dix heures à minuit, et de trois heures à cinq heures du matin ;

La batterie n° 10, de onze heures du soir à une heure du matin, et enfin depuis quatre heures du soir jusqu'à six heures du matin.

Le 5, le feu recommença dans toutes les batteries, à huit

heures du matin, et continua jusqu'à deux heures de l'après-midi.

Pendant ce temps, il a été consommé, à la batterie n° 8 :

    217 boulets de 24.
    96 obus de 10 liv.
    35 bombes de 50 liv.

A la batterie n° 9 :

    71 boulets de 24.
    145 id. de 12.
    49 obus de 10 liv.
    et 37 bombes de 50 liv.

A la batterie n° 10 :

    185 boulets de 12.
    49 obus de 25 liv.
    et 35 bombes de 25 liv.

A la batterie n° 8, un canonnier fût blessé mortellement.

A celle n° 9, deux canonniers furent atteints d'éclats d'obus, une pièce de 24 et 3 affûts furent démontés par les coups de l'ennemi.

A la batterie n° 10, un canonnier eut la jambe cassée par un éclat d'obus ; un autre fut blessé par un éclat de bombe. Un servant d'infanterie fut tué. Un des mortiers éclata sans causer d'accident aux hommes qui le servaient, et un des affûts d'obusier fut mis complétement hors de service par une bombe.

Le feu se manifesta de nouveau dans plusieurs endroits de la ville. L'arrivée du prince Jérôme ayant été annoncée, on suspendit le tir pour faire les réparations les plus urgentes et donner encore plus d'activité aux coups pendant la présence de ce prince, qui entra dans la batterie n° 10 vers trois heures et visita successivement les deux autres avec beaucoup d'attention, fit des compliments à messieurs les officiers, et encouragea les canonniers par son affabilité et sa générosité. En se retirant, il prescrivit de doubler les approvisionnements, afin de recommencer le feu à cinq heures du soir, et de le continuer jusqu'au lendemain.

Nuit du 5 au 6 février. — Pendant cette nuit, on tira suivant les directions prises et bien assurées de jour, et on consomma à la batterie n° 8 de Seckendorf :

446 boulets de 24.
203 obus de 10 liv.
77 bombes de 50.

A la batterie n° 9 :

155 boulets de 24.
314 boulets de 12.
102 obus de 10 liv.
76 bombes de 50.

A la batterie n° 10 :

390 boulets de 12.
104 obus de 25 liv.
76 bombes de 25.

La seconde bombe jetée par cette dernière batterie mit le feu aux magasins près la barrière de Koppen, et en peu de temps l'incendie devint si violent qu'il fut impossible de l'arrêter. Le tir des projectiles creux éloigna tous les secours que l'assiégé cherchait à apporter, et le vent devint si grand que les troupes de la garnison qui étaient sur les remparts du front 1-2, entre le fort Galgen et celui de Jauernick, abandonnèrent tout ce front, ce qui aurait été très-favorable à une escalade, si l'on eût pu prévoir un aussi grand désordre.

Le 6 février, M. le général Vandamme, informé par les nombreux déserteurs arrivés la nuit, que la garnison avait extrêmement souffert du dernier jour de tir, vint aux batteries vers 8 heures du matin, fit suspendre le feu, et somma aussitôt le gouverneur. Celui-ci ayant admis le parlementaire, les hostilités cessèrent; mais comme la reddition ne paraissait pas très-assurée, on remplaça tout ce qui n'était pas en état, et dans la nuit suivante le directeur du parc fit recompléter les approvisionnements.

Le gouverneur connaissant tout ce qu'il devait redouter de la bravoure du général Vandamme qu'il voyait à cheval se promener chaque jour entre nos batteries et la place, et connaissant aussi, par les rapports des habitants, la haute réputation (1) que ce même général s'était déjà acquise en

---

(1) Au quartier général de l'empereur Napoléon, on appréciait si bien la valeur du général Vandamme, que le prince de Neufchâtel dit à Finckenstein : *Vandamme vaut à lui seul plus de* 30,000 *hommes.* Ces paroles furent prononcées, en ma présence, au général Gardanne, avec lequel je devais aller en Perse, en exécution de l'ordre qui suit :

« Il est ordonné à M. Marion, chef de bataillon d'artillerie,
» employé en Silésie, de partir de suite pour se rendre au quartier
» général à Finckenstein. A son arrivée, M. Marion se présentera
» au général Gardanne, aide de camp de l'empereur, à la disposition
» duquel il est mis.
» L'intention de sa majesté est d'employer M. Marion à une
» mission particulière et de confiance. Pendant la durée de cette
» mission, il continuera à jouir du traitement et des indemnités

Silésie devant Glogau et Breslau, ne rejeta pas entièrement les propositions qui lui étaient faites, et le lendemain 7, il envoya à Wurben des commissaires pour continuer les négociations entamées la veille, et d'après lesquelles la place devait nous être remise si elle n'était pas secourue avant huit jours. La garnison, forte de plus de 4,000 hommes, manquait déjà de viande et de beaucoup d'autres denrées de première nécessité, perdues dans les incendies de la plupart des magasins que l'on n'avait pas eu le temps de mettre à l'abri des bombes; aussi cette garnison commençait à éprouver de si grandes privations qu'elle se trouvait dans l'impossibilité de faire une longue défense.

M. le général Vandamme, qui était prévenu de la mise en état de nos batteries, engagea les commissaires à visiter nos travaux; ils acceptèrent, et en passant derrière chaque pièce, ils virent tout en si bon ordre, qu'en nous quittant pour rentrer dans la place, ils furent persuadés par cette ruse que le feu des remparts n'avait fait aucun mal, et qu'il

---

» attachés à son grade, indépendamment du traitement extraordi-
» naire qu'il sera dans le cas de recevoir.

» Finckenstein, le 16 avril 1807.

» Le major général, prince de Neufchâtel,

» *Signé* maréchal A. Berthier. »

Cet ordre ne fut pas exécuté, parce que l'empereur ayant été informé que mon successeur au commandement de l'artillerie devant Neisse venait d'y être tué, me renvoya aussitôt en Silésie, ce qui me priva des avantages que j'avais à espérer d'une mission aussi honorable.

n'avait servi qu'à consommer inutilement une énorme quantité de munitions ; aussi paraît-il que d'après le compte qu'ils en rendirent au gouverneur, celui-ci accepta les conditions de la capitulation, qui fut signée le lendemain.

Le même jour, 8 février, le prince Jérôme, qui n'était pas encore prévenu de ce qui se concluait à Schweidnitz, donna à Breslau l'ordre suivant :

« Son altesse impériale témoigne sa satisfaction aux offi-
» ciers et aux troupes d'artillerie et du génie qui sont
» employés au siége de Schweidnitz : le feu de l'artillerie
» est bien dirigé. Elle témoigne également sa satisfaction
» à la division wurtembergeoise.

» La rigueur de la saison, loin d'être un obstacle pour
» l'ouverture de la tranchée, n'a fait que redoubler l'ardeur
» et le dévouement des officiers et des troupes : son altesse
» impériale a jugé de tous leurs efforts, en visitant les
» tranchées. »

Du 8 au 14 février, le feu cessa entièrement, en exécution de la convention signée, et l'artillerie de siége ne fit plus rien de remarquable.

Le 15 février, je reçus de M. le général Vandamme l'ordre dont suit la copie :

« D'après l'autorisation de son altesse impériale le prince
» Jérôme Napoléon, il est ordonné à M. Marion, capitaine
» d'artillerie, de se rendre à Schweidnitz, pour y prendre
» possession de tout ce qui appartient à l'arme de l'ar-
» tillerie.

» Il est autorisé à se faire accompagner par un officier d'ar-
» tillerie à son choix.

» Il s'adressera à M. le commandant de la place, qui lui
» indiquera l'officier prussien chargé de lui remettre les

» magasins et objets d'artillerie renfermés dans la for-
» teresse.

    » Au quartier général à Wurben, le 15 février 1807.

       » Le général de division,

           » *Signé* Vandamme. »

En exécution de cet ordre, j'entrai dans la place, où le commandant prussien me fit remarquer que presque toutes les pièces mises en batterie sur les fronts 1-2, 2-3 et 3-4 avaient été atteintes par nos coups, et ensuite il me remit le matériel détaillé ci-après :

Bouches à feu en bronze	Canons … { 24…33 ; 12…53 ; 6…33 ; 3…26 }	145
	Obusiers … { 18…3 ; 10…10 ; 7…6 }	19
	Mortiers de { 75…2 ; 60…5 ; 50…1 ; 30…2 ; 25…2 ; 10…25 }	37
Bouches à feu en fer.		48
Total des bouches à feu.		249
Affûts pour. . . . . { canons (1). . . . . 219 ; obusiers. . . . . 22 ; mortiers. . . . . 55 }		
Caissons, voitures et chariots de diverses espèces.		96
Poudre de guerre et de mine (livres de).		400,000

Plus de moitié a été employée par les mineurs français pour faire sauter les fortifications.

Projectiles divers. . . . . . { Pleins. . . . . 145,000 ; Creux. . . . . 112,841 }

Plus une très-grande quantité de munitions confectionnées, qui furent d'un très-grand secours pour les siéges subséquents.

---

(1) Les meilleurs affûts étaient encore ceux qui avaient été construits pour la défense de 1762, et dont on a cru devoir donner les dimensions à la fin de ce journal.

TABLEAU COMPARATIF DES ÉQUIPAGES

POUR LES SIÉGES DE

DÉSIGNATION DES PIÈCES.		1807.			1762.
		parti les 30 et 31 janvier.	reçu pendant le siége.	Total.	
Canons de...	24	8	1	9	36 (1)
	12	9	11	20	29
Obusiers de...	25	2	»	2	»
	10	6	6	12	»
	7	»	»	»	13 (2)
Mortiers de...	50	4	3	7	
	25	2	»	2	26 (3)
	10	»	4	4	
Pièces de campagne.		12 (4)	»	12 (4)	2 (4)
		43 (5)	25 (4)	68 (5)	106 (6)

On voit par ce tableau que l'artillerie mise en batterie pour le siége de 1807 ne fut pas moitié de celle employée

---

(1) Dont 28 ont été mis en batterie.
(2) Dont 12 id.
(3) Dont 20 id.
(4) Ne furent pas mises en batterie.
(5) Dont 31 seulement furent mises en batterie.
(6) Dont 89 furent mises en batterie.

en 1762; aussi les dernières attaques furent-elles bien différentes des précédentes.

A la réception de l'avis de la reddition de Schweidnitz, l'empereur ordonna d'en faire sauter les ouvrages contre-minés (1), et d'en raser tous les autres, qui étaient en grande partie du côté de la Westritz, c'est-à-dire sur les fronts les plus éloignés de ceux des attaques de 1762 et de 1807, et il prescrivit en même temps de former un nouvel équipage pour aller assiéger Neisse. Cette formation fut beaucoup facilitée par l'arrivée à Bunzelwitz des 25 bouches à feu que M. le général Pernety, avec sa prévoyance habituelle, avait fait expédier avant la capitulation de Schweidnitz, qu'il ne croyait pas devoir être si prompte, surtout d'après la connaissance qu'il avait de la très-longue défense du célèbre Gribeauval.

---

(1) En exécution des ordres de M. le général de division Hédouville, chef d'état-major du prince, il a été délivré au capitaine Rittier, commandant de la quatrième compagnie de mineurs, la quantité de 214,680 livres de poudre pour faire sauter les fortifications, savoir :

Avant le 28 avril, et d'après les reçus du susdit capitaine.	109,800
Du 28 avril à la fin de juin, pour détruire Neumühl-Flèche.	8,000
Jauernick-Flèche.	12,000
Jauernick-Fort.	16,000
Autres ouvrages extérieurs de l'enceinte.	16,000
Les communications.	2,880
Et d'après une nouvelle demande de M. le colonel Blein, approuvée le 30 juin par M. le général Hédouville.	50,000

ÉTAT DES PROJECTILES LANCÉS SUR SCHWEIDNITZ
PENDANT LE SIÉGE DE 1807.

DATE des CONSOMMATIONS.	Nos DES BATTERIES.	QUANTITÉS					
		de boulets de		d'obus de		de bombes de	
		24	12	25 l.	10 l.	50 l.	25 l.
3 février. {	8	216	»	»	96	36	»
	9	72	144	»	48	36	»
	10	»	180	48	»	»	36
Nuit du 3 au 4.		..	..	..	..	64	32
4 février. {	8	288	»	»	128	48	»
	9	96	192	»	64	48	»
	10	»	240	64	»	»	48
Nuit du 4 au 5.		..	..	..	..	48	24
5 février. {	8	217	»	»	96	35	»
	9	71	145	»	49	37	»
	10	»	185	49	»	»	35
Nuit du 5 au 6. {	8	446	»	»	203	77	»
	9	155	314	»	102	76	»
	10	»	390	104	»	»	76
Total des consommations (1).		1,561	1,790	265	786	485	251

(1) Ces consommations se sont élevées à 5,138 coups de tous calibres, et d'après le rapport du commandant prussien, l'artillerie de la place tira plus de 64,000 coups, tant pendant le blocus que pendant le siége.

REMISES ET CONSOMMATIONS EN PROJECTILES.	QUANTITÉS					
	de boulets de		d'obus de		de bombes de	
	24	12	25 l.	10 l.	50 l.	25 l.
Reçu en formant l'équipage à Breslau.	2,400	2,400	500	1,500	800	400
Resté après le siége. . . .	839	610	235	714	315	149
Ramassé pendant le siége.	793	2,825	57	113	53	25
Entré dans la place après sa reddition.	1,632	3,435	292	827	368	174

RÉFLEXIONS SUGGÉRÉES A LA SUITE DE CE SIÈGE.

1° Les canons de 12, aussi bien proportionnés que ceux que les Prussiens nomment *brummer* (bourdonnant), et qui leur ont été si utiles à la bataille de Leuthen, sont très-bons pour l'attaque des places, et excepté pour le tir à ricochet, ils peuvent suppléer, dans presque tous les cas, les canons de 16 ou de 18.

2° Quand les pièces d'un équipage de siége sont de même calibre que celles de la place à attaquer, on peut n'approvisionner les canons de cet équipage qu'à moitié au plus, et les obusiers ainsi que les mortiers aux deux tiers de ce que l'on devrait compter si ces calibres étaient différents. Mais aussi il faut avoir soin de payer tous les projectiles ramassés et rapportés à la queue des tranchées par les soldats employés au siége, comme on l'a fait devant toutes les places de Silésie (1).

3° Pour les siéges, on ne saurait se pourvoir de trop d'outils, et pour n'en jamais manquer, il faut en compter au moins cinquante par bouche à feu, non compris ceux pour les travailleurs employés aux tranchées, parallèles, etc. Dans ce nombre de cinquante, il y aura pour les terrains ordinaires 25 pioches ou pics hoyaux, 17 pelles carrées, 5 pelles rondes et 3 pics à roc.

4° On ne doit amener de loin que les bois à plate-formes et ceux de fascinage, qu'il est impossible de trouver dans les environs de la ville à assiéger. Il y a bénéfice à couper et à débiter tous ces bois sur place : ils sont toujours assez secs pour l'usage qu'on en fait.

5° Si l'on manque des matières prescrites dans les manuels français pour la confection des artifices, il faut employer une des compositions étrangères pour laquelle il sera le moins difficile de se procurer ces matières chez les droguistes, ou autres marchands des communes voisines de la place assiégée.

---

(1) Lorsque les canons diffèrent peu, on a la ressource des sabots, et quand ils diffèrent beaucoup de calibre, on a celle proposée par l'ingénieux fondeur J.-B. Launay en 1811, pour couler facilement et à peu de frais, des projectiles neufs, avec tous ceux tirés par les assiégés.

6° Les boulets de 24 tirés contre la lunette de Schoenbrünn, éloignée d'environ 400 mètres de la batterie n° 8, ont fait de très-grands ravages ; d'où l'on peut conclure que les batteries casematées, avec des embrasures en pierre, sont extrêmement dangereuses pour les défenseurs (1).

Ces batteries casematées ne sont tolérables que sur les ports de mer, devant lesquels on ne peut tirer qu'avec des pièces en batterie sur les navires constamment agités par les flots, et dont les coups ne sont pas aussi certains que ceux des canons tirés sur des plate-formes solidement établies.

7° Enfin, le commandant d'artillerie d'une place doit régler les consommations journalières, de manière à prolonger le plus longtemps possible la durée du siége, pour n'avoir, au dernier jour de la défense, que des munitions avariées ou hors de service ; autrement ce commandant laisse aux ennemis des ressources dont ils profiteront pour les opérations subséquentes, comme ont fait les Français qui, étant très-éloignés de leurs frontières, auraient été dans l'impossibilité de continuer les siéges sans le matériel qu'ils trouvaient dans chaque place.

Un ancien commissaire des guerres au 9ᵉ corps d'armée a bien voulu nous communiquer la note suivante, extraite de

---

(1) Au rapport des assiégés, les boulets de 24, tirés en trois jours et une nuit contre la lunette de Schoenbrünn, faisaient tant de mal qu'il fût impossible d'y tenir dès la fin du troisième jour, ce qui a été confirmé par tous les dégâts que l'on a reconnus dans cet ouvrage en y entrant aussitôt après la reddition de Schweidnitz.

ses précieux documents sur la campagne de 1807. Cette note complète ce qui précède sur M. le général Vandamme au siége de Schweidnitz.

« Il faut convenir que le siége de Schweidnitz a été entrepris avec des moyens bien faibles; mais on doit dire aussi que le général Vandamme était comme militaire un homme vraiment remarquable. Il savait tirer un grand parti des troupes qu'il avait sous ses ordres; il joignait d'ailleurs à une grande perspicacité, à une hardiesse tempérée par la prudence, une fertilité inconcevable d'expédients, soit pour suppléer à ce qui lui manquait, soit pour en imposer à l'ennemi. Sa mémoire était prodigieuse. Nous l'avons vu, la veille de son entrée dans Schweidnitz, donner des instructions à son chef d'état-major en sortant de table et en présence de vingt officiers. Il lui indiqua de vive voix la direction qui devait être donnée aux détachements chargés de prendre possession des divers postes de la place, et les précautions qu'ils auraient à observer. Tous les moyens d'exécution, tous les détails étaient prévus; nos ouvrages, nos batteries, tout devait être rasé dans un temps donné; il traçait l'itinéraire de la garnison prussienne qui était prisonnière de guerre, et il fixait la résidence des officiers qui étaient autorisés à rester en Silésie : tout cela prit près d'un quart d'heure, et cependant il avait l'esprit tellement libre qu'il nous raconta dans ce moment une petite anecdote qui lui était personnelle.

» Dans les premiers jours du blocus on lui avait signalé un ouvrage de la place comme étant fort mal armé, et il était allé le reconnaître avec quelques officiers; il ignorait que pendant la nuit les Prussiens y avaient conduit de l'artillerie; on fit feu sur lui. *S'ils eussent tiré à mitraille,* disait le général, *j'étais mort;* point du tout, *ils me tirèrent deux misérables* (1) *boulets, et je pris le galop.*

» Le génie inventif du général Vandamme ne lui fit point faute au siége de Schweidnitz; il n'était pas probable qu'on parvînt aussitôt à éteindre le feu du front attaqué; mais il voulut essayer de gêner le feu de l'artillerie ennemie, et il y réussit en plaçant des chasseurs exercés au tir de la carabine, dans des trous creusés sur le glacis; on ne pouvait les relever que la nuit, mais ils désolaient les canonniers prussiens. Ce moyen, auquel il avait eu recours à titre d'essai devant Schweidnitz, fut employé ensuite sur une plus grande échelle au siége de Neisse où on en retira beaucoup d'avantages. C'étaient les chasseurs wurtembergois qui faisaient ce service auquel ils s'étaient aguerris à son école, et ils incommodaient beaucoup les artilleurs ennemis, qui étaient frappés dès qu'ils paraissaient à une embrasure.

» Après les divers incendies, on convint d'un armistice. Le général Vandamme retint l'officier prussien à déjeuner, et ne manqua pas d'exagérer beaucoup ce qu'il appelait *ses moyens;* c'était son mot favori. Il parla de quatre compagnies d'artillerie française, et il n'en avait pas une entière. Cependant il avait secrètement donné des ordres pour faire réparer ses batteries, et pour faire remplacer tout ce qui avait été endommagé. Quand il sut que ses ordres avaient été exécutés, il proposa à l'officier parlementaire de s'assurer par ses yeux des moyens que nous avions pour réduire la place, et il le conduisit d'abord au grand parc, où il lui fit

---

(1) J'ai substitué les mots *mort* et *misérables*, à deux expressions militaires qu'employa le général, et qui avaient une tout autre énergie, parce qu'elles étaient tout à fait pittoresques.

remarquer ses détachements d'artillerie française. Il lui montra les piles de boulets qui avaient été recueillis par les troupes ou par les paysans derrière nos batteries, et qu'il comptait, disait-il, renvoyer dans la place; enfin, dans un accès de franchise simulée, il offrit de lui montrer même ses batteries : l'officier accepta, et en arrivant il trouva les artilleurs qu'il avait vus au grand parc et qu'on avait transportés aux batteries sur des chariots; pour lui, ce ne furent plus les mêmes. On lui fit remarquer le bon état des embrasures, des affûts et de tout le matériel. *C'est bien singulier*, disait l'officier, *nous étions cependant persuadés que nous vous avions touchés.* « *Vous voyez* ce qui en est, répliqua le général, *j'ai voulu que vous puissiez vous assurer par vos yeux de l'état des choses.* »

» Peu après, Schweidnitz capitulait sous conditions, et le 15 février nous en prenions possession; mais il avait fallu empêcher les troupes ennemies des garnisons de Glatz, Neisse, etc., d'approcher de Schweidnitz; pour cela il fallut partager les troupes en deux détachements, dont l'un empêchait toute communication avec la place assiégée, et dont l'autre continua à garder les batteries et les divers ouvrages. Les troupes se prêtèrent à ce service fatigant avec beaucoup de zèle et de succès. »

LÉGENDE DU PLAN DE SCHWEIDNITZ,
POUR LE SIÉGE FAIT EN 1807.

Planche Ire.

N°s 1. Galgen-Fort.
    2. Jauernick-Fort.
    3. Garten-Fort.
    4. Bogen-Fort près de la Westritz et en amont de cette petite rivière. Il n'a pu être représenté sur la première feuille ci-jointe.
    5. Lunette avancée de Galgen-Fort.
    6. Lunette de Jauernick.
    7. Lunette de Schœnbrünn, casematée et ayant deux rangs de batteries.
    8. Batterie de Seckendorf armée de 12 pièces.
      6 Canons de 24, dont 4 à droite contre la lunette 7, et 2 à gauche contre celle n° 6.
      4 Obusiers de 10 livres stein pour ricocher le front 1-2.
      2 Mortiers de 50 livres stein au centre de cette batterie.
    9. Batterie de Lilienberg, au milieu des attaques, armée de 10 pièces.
      2 Canons de 24 pour ricocher le front 3-4.
      4 id. de 12.
      2 Obusiers de 10 livres stein.
      2 Mortiers de 50 livres stein au centre comme à la batterie précédente.
   10. Batterie de Schrœder à la gauche des attaques, armée de 9 pièces.
      5 Canons de 12.
      2 Obusiers de 25 livres stein.
      2 Mortiers id.
        pour ricocher le front 2-3 et contre-battre la lunette 6.

Nota. Pour faciliter la comparaison des attaques de 1762 à celles de 1807, on s'est servi du plan donné dans l'ouvrage du major Lefebvre, sur lequel on a tracé les lunettes 5, 6 et 7 construites depuis l'avant-dernière de ces deux attaques.

TABLE DE DIMENSIONS

des affûts de rempart (*wall-affuite*) construits par le général de Gribeauval, pour la défense de Schweidnitz en 1762. — Planche II.

DÉSIGNATION DES PARTIES.	MESURES EN PIEDS, POUCES, 10e ET 100e de pouce du Rhin (1), des affûts pour canons, de					
	24		12		6	
	pi.	po.	pi.	po.	pi.	po.
Plateau (Longueur totale........ AB.	10	10,0	8	11,85	7	10,0
pour un ⟨ Larg. à chaque extrémité. AM, BH.	1	6,0	1	4,0	1	1,0
flasque. (Epaisseur uniforme........	»	5,0	»	4,0	»	3,0
Corps de l'affût.						
Ecartement intérieur des flasques vers la tête, au centre de l'encastrement des tourillons.	1	8,75	1	2,3	»	10,05
Ecartement intérieur des flasques vers la queue, derrière l'entretoise de crosses...	1	8,75	1	5,12	1	2,5
Distance de l'angle supérieur de la tête de l'affût au milieu de l'encastrement des tourillons. .... AC.	1	0,88	1	0,35	»	9,8
Largeur du logement pour la sous-bande du tourillon.	»	5,75	»	5,7	»	3,6
Distance du milieu de ce logement au commencement du délardement des flasques. CD.	5	2,12	4	2,5	4	0,2
Distance de la naissance de ce délardement au point E, où il est le plus fort. . . . DE.	3	0,0	2	6,0	1	11,0
Longueur des crosses depuis le point E jusqu'au derrière du cadre........... EB.	1	7,0	1	3,0	1	1,0
Au même point E on abaisse la perpendiculaire EJ, et sur cette perpendiculaire on mesure la largeur........... JF.	1	2,0	1	0,75	»	10,0
Par les points F et B on trace la ligne FB sur laquelle on fait........... FQ.	1	4,0	1	0,5	»	10,75
Au susdit point F on abaisse à FB la perpendiculaire FI jusqu'à la rencontre du dessous des flasques en I........... I.						
Par le point J on mène à EJ la parallèle IO, sur laquelle est le centre O de l'arrondissement IG du dessous de la crosse; le point G est au-dessus de HM de...........	»	5,0	»	3,0	»	3,0
Distance de l'angle inférieur de la tête M du flasque au-devant de l'encastrement de l'essieu........... LM.	1	3,75	1	3,2	»	11,60
Largeur de cet encastrement..... KL.	»	7,0	»	6,25	»	4,50
Profondeur du même encastrement... KR.	»	2,0	»	0,75	»	1,50

(1) 1 pied du Rhin est égal à 31c,374m, et 1 pouce est égal à 2c,615m.

AU SIÉGE DE SCHWEIDNITZ EN 1807.

DÉSIGNATION DES PARTIES.	MESURES EN PIEDS, POUCES, 10ᵉ ET 100ᵉ de pouce du Rhin, des affûts pour canons, de					
	24		12		6	
	pi.	po.	pi.	po.	pi.	po.
Entretoises.						
Les entretoises ont toutes une épaisseur au moins égale à celle du flasque, ou bien. .	»	5,0	»	4,5	»	3,0
L'*entretoise de volée* a son devant éloigné de la tête de l'affût de.	»	2,5	»	2,5	»	3,0
Cette entretoise, coupée en talus sur le devant, a de largeur.	»	8,0	»	7,0	»	5,0
Sa partie supérieure, parallèle à AB, est en dessous de AD de	»	8,0	»	7,5	»	6,5
L'*entretoise de mire* est de deux morceaux qui ont chacun de largeur.	»	8,0	»	7,0	»	5,0
Ces deux morceaux sont éloignés l'un de l'autre de.	»	4,25	»	4,0	»	4,0
Le plan supérieur des deux entretoises de mire est dans la ligne MN qui a son point N au-dessus de D de.	»	5,25	»	3,5	»	3,5
La même ligne a son point M au-dessous de la ligne AD de.	1	2,75	1	4,0	1	1,0
La distance NV du point N au derrière de l'entretoise postérieure de mire est de. .	»	5,5	»	1,5	»	1,5
La largeur VT des deux entretoises, y compris leur écartement, est de.	1	8,25	1	5,0	1	2,0
L'*entretoise de crosse* a sa largeur fixée par FQ qui est déjà donnée de.	1	4,0	1	0,5	»	10,75
Cette entretoise est au milieu de QG, c'est-à-dire que UG est égal à PQ.						
Le trou percé pour le passage de la cheville ouvrière de l'avant-train de place a de diamètre en dessus.	»	5,0	»	2,5	»	2,0
— En dessous.	»	4,0	»	2,0	»	1,5
Essieu en bois.						
Longueur totale (le dessous du corps et des fusées est en ligne droite).	6	8,0	6	1,0	5	11,5
Longueur de chaque fusée.	1	10,0	1	9,0	1	6,0
— du corps.	3	0,0	2	7,0	2	11,5
Le corps a de hauteur ou de largeur. . . .	»	10,0	»	9,0	»	7,0
— d'épaisseur.	»	7,0	»	6,25	»	4,5
Les fusées ont de diamètre près du corps l'épaisseur de ce même corps, et à l'extrémité près le trou de l'esse.	»	5,3	»	4,25	»	3,5
Le dessus des corps est entaillé pour loger le dessous des flasques de.	»	2,0	»	1,5	»	1,5
Roues.						
Diamètre ou hauteur.	3	8,0	3	8,0	3	3,0
Moyeu. Longueur totale.	1	7,0	1	6,0	1	3,0
— Diamètre à l'extrémité du gros bout.	1	2,5	1	1,5	»	9,5
— — sur le bouge.	1	4,0	1	2,5	»	11,0
— — à l'extrémité du petit bout.	»	11,25	»	10,5	»	7,0

DÉSIGNATION DES PARTIES.	MESURES EN PIEDS, POUCES, 10e ET 100e de pouce du Rhin, des affûts pour canons, de					
	24		12		6	
	pi.	po.	pi.	po.	pi.	po.
Rais. Il y en a douze par roue, ils ont de largeur au plus..............	»	5,0	»	4,5	»	3,5
— D'épaisseur.............	»	2,5	»	2,5	»	2,0
Jantes. Chaque roue en a six et autant de goujons, elles ont de largeur.......	»	5,5	»	5,0	»	4,0
— D'épaisseur.............	»	5,0	»	4,5	»	3,5
Le plan intérieur de ces jantes est éloigné de la ligne passant par le gros bout du moyeu de...............	»	7,5	»	8,0	»	6,75
Ferrures de l'affût.						
2 Sous-bandes ayant d'épaisseur autour des tourillons.................	»	1,25	»	1,10	»	1,0
2 Sous-bandes percées chacune de trois trous pour le passage des chevilles à têtes plates.	»	0,90	»	0,75	»	0,65
8 Chevilles avec autant d'écrous (moitié pour chaque flasque), six sont à tête plate.						
6 Clavettes avec leurs chaînettes, pour retenir les susbandes sur les sous-bandes. . .						
2 Étriers d'essieu ayant la même épaisseur que les sous-bandes............	»	1,25	»	1,10	»	1,0
5 Boulons pour les affûts de 24 et de 12, et 4 seulement pour celui de 6 ; chaque boulon a deux rosettes et un écrou. . . .						
8 Plaques de renfort dont 2 de tête qui vont de la sous-bande à l'étrier de l'essieu ; 2 de crosse, et 4 pour les deux liens de mire. .						
4 Liens de flasques dont 2 vers l'entretoise de mire et 2 vers celle des crosses.....						
Ces liens, serrés par des rivets, ont de largeur en dessus................	»	2,50	»	2,25	»	2,0
En dessous..............	»	2,25	»	2,0	»	1,75
Clous d'applicage (nombre de)........		96		80		68
Ferrures de l'essieu.						
4 Equignons.						
2 Heurtequins.						
2 Happes à anneau de bout d'essieu.						
2 Esses.						
Ferrure d'une roue, elle n'a ni cercle ni bandes.						
2 Cordons.						
2 Frettes.						
6 Liens de jantes ayant quatre pouces de largeur à la circonférence extérieure de la roue.						
12 Rivets pour consolider et maintenir les liens à la jonction des jantes.						
Les roues de ce système n'avaient pas de boîtes.						

Nota. Les affûts de ce modèle si simple et si peu chargé de ferrures ont si bien résisté aux effets destructeurs du tir, qu'en raison de leur grande solidité et de leur facile construction, on a cru devoir en donner les principales dimensions, prises sur les dessins trouvés à Schweidnitz.

On observera cependant aux jeunes officiers qui seront dans le cas de construire des affûts semblables, qu'ils devront en varier les dimensions d'après :

1° L'écartement des embases des canons qu'ils auront besoin de monter.
2° Le diamètre sur la plate-bande de culasse.
3° Le diamètre des tourillons.
4° La distance du centre de ces tourillons à la plate-bande de culasse.

Les légers défauts de ces mêmes affûts sont d'exiger des voitures quand il faut les transporter d'une place à une autre, et d'obliger à creuser un peu plus les embrasures, à cause du peu de hauteur des roues; mais ces petits défauts sont largement compensés par tous les avantages obtenus par **M.** Gribeauval.

Si l'on voulait augmenter encore la solidité de ces mêmes affûts, il faudrait supprimer les deux plaques de renfort qui sont sur le devant de la tête des flasques, prolonger chaque sous-bande et chaque étrier d'essieu de manière à leur faire former une espèce de crochet à leur extrémité antérieure, et se servir ensuite de ces crochets pour lier ensemble, à l'aide d'une bride, l'étrier et la sous-bande d'un même flasque, comme on vient de l'adopter tout récemment dans l'artillerie russe.

Ces affûts, construits pour la défense de Schweidnitz, conviendraient encore bien mieux à l'armement des places, si, au lieu de les employer sur des plate-formes ordinaires, on les montait sur des châssis comme celui représenté planche VII du *Traité d'artillerie* publié par le général Gogel, à Saint-Pétersbourg en 1816.

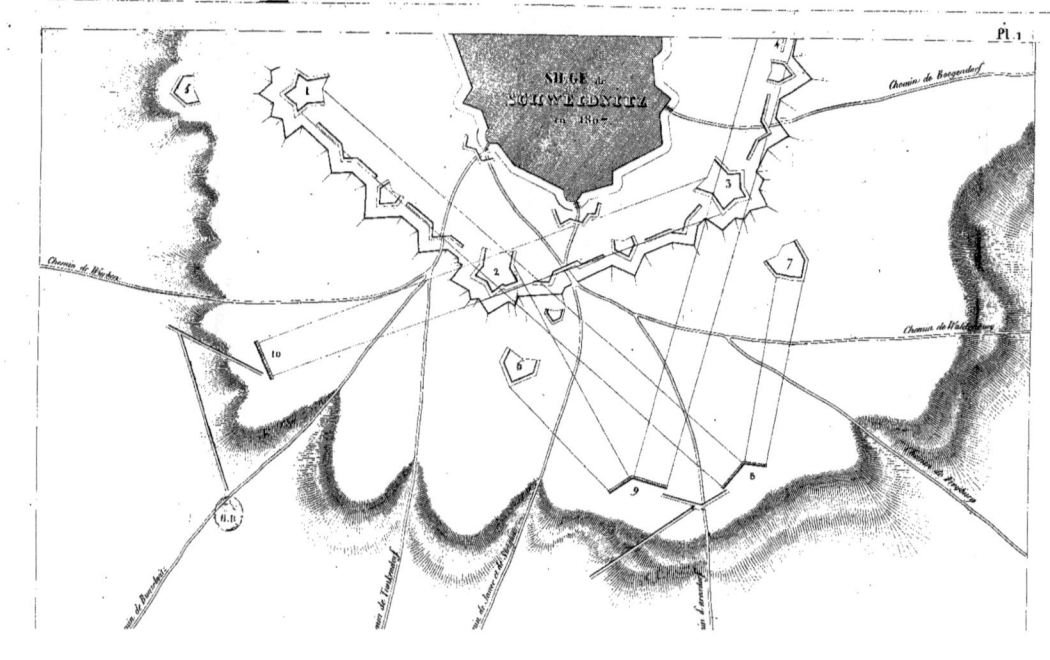

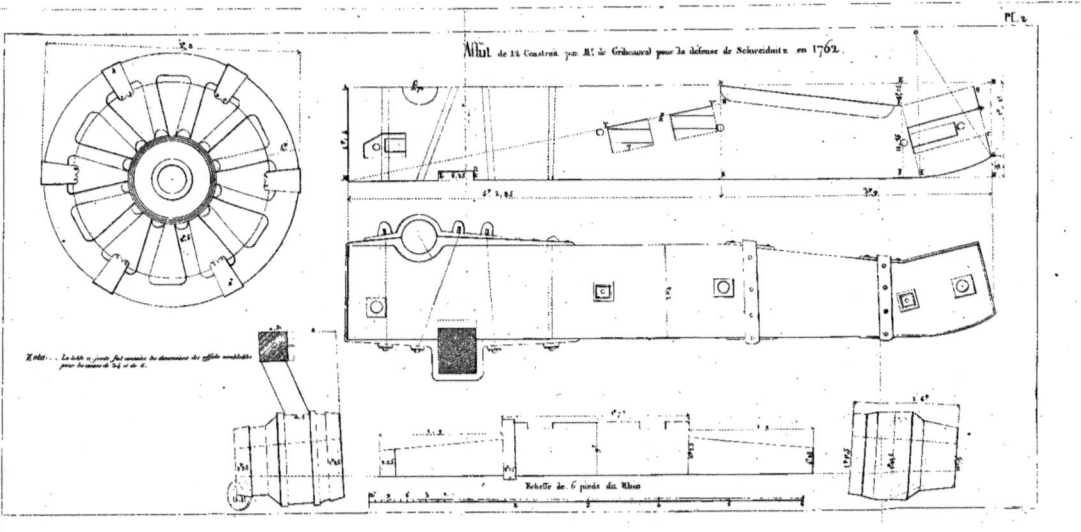

www.ingramcontent.com/pod-product-compliance
Lightning Source LLC
LaVergne TN
LVHW020042090426
835510LV00039B/1369